ROBERT BOURGI

LES RELATIONS FRANCO-AFRICAINES ONT UNE PUISSANCE INCOMPARABLE

PAUL THEISSEN

CONTENU

LES MARÉES D'INFLUENCE

Le parcours de Robert Bourgi au cœur de la politique africaine n'a rien de conventionnel. Son lien avec la Côte d'Ivoire a commencé dans les années 1970, à une époque où le pays était en pleine ébullition politique. C'est là qu'il a rencontré Laurent Gbagbo, une rencontre qui allait à jamais lier leurs destins. Grâce à son frère aîné Albert, déjà très engagé dans la politique socialiste, Robert a été présenté à celui qui allait devenir plus tard le leader controversé de la Côte d'Ivoire. Dès le moment où leurs chemins se sont croisés, il y a eu quelque chose d'électrique entre eux – une connexion tacite, peut-être, ou la reconnaissance d'esprits frères. Robert a été attiré par la passion ardente de Laurent pour la justice, son combat acharné pour une Afrique postcoloniale libérée des entraves du contrôle extérieur. Ils ont partagé de longues conversations, des discussions nocturnes et des débats sans fin, chacun poussant l'autre vers une vision de ce que l'Afrique pourrait devenir. Bien que leurs parcours politiques aient été différents, Robert s'était toujours senti plus proche de Laurent, qui partageait un point de vue plus socialiste, que d'Alassane Ouattara, dont les idéaux libéraux n'étaient jamais vraiment en résonance avec ses propres expériences. Ce qui est resté le plus vivant dans la mémoire de Robert, c'est leur passage à l'université. Il venait d'être nommé à la Faculté de droit et, à sa grande surprise, Laurent enseignait à la Faculté des lettres. C'était une période d'épanouissement intellectuel pour les deux hommes. Ils décidèrent d'organiser ensemble une conférence qui réunirait leurs professeurs et leurs étudiants respectifs sous la bannière d'une de leurs fascinations communes : Charles de Gaulle et l'histoire de Brazzaville. Devant une foule de milliers de personnes, ils parlèrent, leurs mots chargés d'énergie, mais ce n'était pas seulement l'événement en lui-même qui les liait. Une fois les discours terminés et les étudiants partis, Robert et Laurent restèrent éveillés jusqu'à l'aube, la nuit se dissolvant dans les rires, les histoires et les rêves de l'avenir de l'Afrique.

Mais toutes leurs rencontres n'étaient pas aussi légères. Robert se retrouvait souvent empêtré dans le réseau complexe de la politique ivoirienne. Un soir, bien après leurs années d'université, Robert se retrouva en compagnie de Dominique Ouattara, la charismatique Première dame de Côte d'Ivoire. Elle était l'épouse d'Alassane Ouattara, l'homme arrivé au pouvoir à la suite d'une élection très disputée. Les tensions politiques entre son mari et Laurent étaient palpables, et pourtant, il régnait entre eux une atmosphère de camaraderie taquine. Si Alassane gagne, je t'offrirai une villa sur la lagune à Marcory , avait-elle plaisanté un soir, son sourire à la fois chaleureux et entendu. Une promesse qui n'a jamais été tenue, car Robert, naviguant dans la politique délicate de la région, se tenait à bonne distance d'Abidjan. Ces relations, aussi complexes soient-elles, plaçaient Robert dans une position particulière. Il avait assisté à des dîners où Ouattara et son rival, Guillaume Soro, étaient assis à la table, même après la tentative de coup d'État manquée de 2002. Malgré les tempêtes politiques qui se préparaient autour de lui, Robert s'est retrouvé accueilli dans les deux camps, jouant le rôle de médiateur et de confident, marchant toujours sur la corde raide entre loyauté et diplomatie. Et pourtant, malgré sa proximité avec Alassane, c'est son amitié avec Laurent qui est restée inébranlable. Alors que les troubles politiques s'intensifiaient au début des années 2000, Robert s'est souvent retrouvé un acteur clé dans les coulisses, participant à des réunions cruciales non seulement à Abidjan mais aussi à Paris, où des décisions sur l'avenir de la Côte d'Ivoire étaient prises. Il a vu les tensions s'accroître, les alliances changer et le sort de son ami Laurent se jouer.

Une nuit fatidique de 2003, Robert est arrivé chez Laurent à Villejean. La rébellion s'était emparée de Boaké et le pays était au bord de l'effondrement. La maison était tendue et, alors qu'ils s'asseyaient pour dîner, Simone, la femme de Laurent, se pencha vers Robert avec un sourire menaçant. Tu vois, Robert , dit-elle d'une voix basse mais claire, CKCK va s'occuper de ton ami Villepin. CKCK, comme elle appelait le célèbre officier, n'était pas quelqu'un avec qui on pouvait plaisanter. Robert, toujours diplomate, essaya de balayer ses paroles d'un revers de la main, mais le malaise persista. Laurent, toujours calme au milieu de la tempête, soupira simplement. Simone, dit-il, calme-toi. Puis, se tournant vers Robert avec ce regard familier de confiance, il ajouta : Bob, aide-nous. C'est toi, Bob. Ça a toujours été toi.

Robert savait ce soir-là que les enjeux n'avaient jamais été aussi élevés. Il était aux côtés de Laurent depuis des décennies, mais à mesure que les vents politiques tournaient, même lui pouvait sentir la marée tourner. Laurent était un homme d'idéaux, de vision, mais peut-être, comme Robert le dirait plus tard, avait-il été trop confiant, trop naïf face aux réalités brutales de la politique africaine. Le jour où Dominique de Villepin entra dans le bureau de Laurent Gbagbo, l'atmosphère était chargée d'anticipation. Laurent, toujours calculateur dans son approche, avait méticuleusement préparé ses points de discussion. Il savait ce qu'il voulait dire et il savait ce que Dominique avait besoin d'entendre. Robert Bourgi était là aussi, observant l'échange comme une mouche sur le mur, au courant du genre de conversations dont peu d'autres sont témoins. Lorsque Dominique entra, Robert ne perdit pas de temps. Dominique, avez-vous toujours l'intention de visiter

Bouaké ? demanda-t-il d'une voix soigneusement neutre. Les rebelles avaient pris le contrôle de la ville et les enjeux politiques étaient considérables. Dominique, avec son attitude posée habituelle, confirma son projet. Oui , répondit-il. J'y vais. La réponse de Laurent, bien que polie, était chargée de poids historique. Si, lors du putsch du général en 1961, contre le général de Gaulle , commença Laurent, faisant référence à la tentative de coup d'État en France, les gens étaient allés voir les généraux rebelles, comment pensez-vous que de Gaulle aurait réagi ? Dominique s'arrêta, sentant déjà le message que Laurent voulait faire passer. Mal , admit-il. Laurent se pencha, la voix un peu plus ferme. Je vais mal réagir aussi, Dominique. C'était à la fois un avertissement et un plaidoyer. Je vous conseille de ne pas y aller. Mais Dominique était déterminé. Il avait pris sa décision. Et, malgré les conseils avisés de Laurent, Dominique se rendit à Bouaké. Robert avait déjà vu cette dynamique – le conflit des volontés politiques, l'équilibre délicat entre diplomatie et loyauté. Mais il avait aussi appris à faire confiance à son instinct, et il ne fallut pas longtemps avant qu'une autre personnalité entre en scène : Blaise Compaoré, l'homme dont les actions avaient changé le cours de l'histoire du Burkina Faso pour toujours. En 1986, Robert avait rencontré Blaise pour la première fois, mais à cette époque, Blaise était déjà lié au destin de Thomas Sankara, le leader révolutionnaire charismatique du Burkina Faso. Sankara était un homme que Robert avait appris à bien connaître, grâce à ses relations à la Faculté de droit d'Abidjan, où l'un de ses anciens étudiants, Ablacé Secompaoré, l'avait présenté à l'énigmatique leader. Les deux hommes s'étaient immédiatement entendus. Thomas était un homme visionnaire, un homme qui croyait en l'avenir de l'Afrique, tout comme Robert lui-même. Mais c'est au cours d'une conversation avec l'un des plus puissants conseillers africains de la France, Jacques Faucard, que Robert a commencé à sentir les nuages d'orage se former autour de Sankara.

Faucard, conscient de la relation étroite de Robert avec Thomas, l'avait convoqué chez lui à Paris un soir. Robert, dit Faucard gravement, préviens Thomas d'être très prudent. Robert, quelque peu surpris, demanda plus de détails. Il est en danger, prévint Faucard. Et cela pourrait venir de très près. L'avertissement pesait lourdement sur l'esprit de Robert. Peu après, alors qu'il se trouvait à Dakar pour des funérailles familiales, Thomas l'avait appelé pour lui présenter ses condoléances. Sois prudent, Thomas, lui avait-il exhorté. Le vieil homme m'a dit de te le dire. Thomas avait balayé l'idée d'un ton calme. Je ne suis pas inquiet, Robert. Remercie-le de ma part, mais je serai prudent.

Le reste, comme Robert le savait trop bien, appartenait à l'histoire. Blaise avait pris la place de Sankara dans un coup d'État qui avait provoqué une onde de choc dans toute la région. Ce qui avait poussé Blaise à éliminer son compagnon d'armes, Robert ne pouvait jamais le dire avec certitude. Ce qu'il savait, c'est que Blaise avait été profondément influencé par de puissantes forces extérieures. Faucard savait que quelque chose allait se passer, et Félix Houphouët-Boigny, le président de la Côte d'Ivoire, avait joué un rôle important dans ce qui s'était passé, en grande partie grâce à l'épouse de Blaise, Chantal, elle-même originaire de Côte d'Ivoire. Chantal, fille d'un administrateur colonial, avait été proche de Houphouët-Boigny. Ce n'était un secret pour personne que le vieux président n'avait guère de patience pour l'approche effrontée et militariste de Sankara. Lorsque Thomas lui rendit visite, toujours en uniforme militaire, cela fut perçu comme un affront au désir du vieil homme d'une interaction plus diplomatique et civile. La tension entre eux était palpable et, dans l'esprit de Robert, il ne faisait aucun doute que la Côte d'Ivoire avait été impliquée dans le complot contre Sankara.

Ablacé, son ancien étudiant, l'avait confirmé. Il avait dit à Robert que Houphouët-Boigny ne supportait pas l'audace de Sankara et avait soutenu la tentative de Blaise de prendre le pouvoir. Blaise, bien sûr, avait de bonnes relations, non seulement en Afrique mais aussi en France. Robert l'avait vu de ses propres yeux. Chantal et Blaise étaient des habitués des dîners parisiens, côtoyant ministres et hauts fonctionnaires. L'establishment français, semblait-il, avait gardé un œil attentif sur le Burkina Faso depuis le début. Robert ne pouvait pas dire avec certitude si François Mitterrand, le président français de l'époque, avait été directement impliqué dans le complot, mais il savait que Blaise était bien informé des deux côtés de la fracture politique. Jacques Faucard, conseiller du Premier ministre Jacques Chirac, avait même demandé à Robert de surveiller Sankara, une tâche qui semblait à la fois protectrice et menaçante. Malgré les incertitudes politiques entourant la chute de Sankara, Robert avait toujours pensé que Faucard avait un faible pour le jeune révolutionnaire. À une occasion, alors que Faucard et Robert se trouvaient tous deux à Ouagadougou en même temps, Faucard avait passé des heures avec Thomas, se promenant avec lui le soir, discutant de sujets sur lesquels Robert ne pouvait que spéculer. Ce que Robert savait avec certitude, c'est que Faucard n'avait pas été impliqué dans le complot contre Sankara. Il avait trop de respect pour l'homme. Mitterrand, en revanche, c'était une autre histoire. L'amitié de longue date du président français avec Houphouët-Boigny était bien connue, et Robert ne pouvait s'empêcher de se demander si Mitterrand n'avait pas discrètement soutenu le coup d'État en coulisses. Au fil des années, les liens de Robert avec les dirigeants africains ont continué à façonner sa vie. Sa relation avec Omar Bongo, président du Gabon jusqu'en 2009, était l'un de ces liens. Robert avait été l'organisateur en coulisses, gérant les transferts de fonds entre Bongo et l'élite politique française, notamment Jacques Chirac et Dominique de Villepin. Mais lorsque Robert s'est brouillé avec de Villepin en 2006, il a changé de camp, apportant son soutien à Nicolas Sarkozy. Dans le monde de la politique française, où les allégeances changent comme les marées, Robert Bouvier s'est retrouvé au centre d'une histoire tissée d'intrigues et d'ambitions. C'était une période marquée par des rivalités féroces et des secrets chuchotés, notamment l'affrontement houleux entre Dominique de Villepin et Nicolas Sarkozy. Le décor était planté en septembre 2005, une période où les loyautés étaient mises à l'épreuve et où les réputations pouvaient monter ou descendre en un clin d'œil. Une fois la poussière retombée après cette rencontre tumultueuse, Sarkozy a convoqué Robert à Beauvau, le siège emblématique du ministère de l'Intérieur. Là, l'air crépitait de tension tandis que Sarkozy se penchait en avant, les yeux d'acier. Je sais ce que vous faites pour M. Chirac depuis un certain temps , a-t-il dit, avec une pointe d'autorité dans le ton. Mais ça s'arrête là. Je ne veux pas d'argent venant d'Afrique noire. Pas d'argent. Robert, rompu aux méandres des manœuvres politiques, lui assura avec une confiance inébranlable : Il n'y a jamais eu un sou qui vous a été adressé par l'Afrique noire. Sa voix résonna de conviction, et il ajouta : Je dis 'Afrique noire' parce que je sais qu'il y a eu des problèmes ailleurs. L'évocation de l'affaire Kadhafi mit encore plus le feu aux poudres, invitée indésirable dans leur conversation. Vous en doutez ? défia Robert, un sourire narquois se dessinant sur son visage. Si même un sou avait été en jeu, pensez-vous qu'il n'y aurait pas eu de fuites ? Il connaissait bien le jeu ; le silence était souvent plus révélateur que les mots. Non, M. Sarkozy, pas un seul sou. La conversation changea alors que Robert racontait les rouages internes de leur monde politique. Tout est passé par moi, si vous voulez , dit-il, une lueur de malice dans le regard. Et seules Pascaline et moi connaissions le code sacré que Bongo utilisait pour transférer des fonds : 5-5-5. C'est bien ça, 5-5-5. Il rigola en se remémorant une époque où Chirac avait mis en doute l'existence du code. Monsieur le Président, répondit-il, vous souvenez-vous quand vous avez demandé au président Bongo pourquoi c'était toujours Robert qui s'occupait de ces questions ? Vous avez fait remarquer que l'argent ne s'évapore pas. Il n'y a pas d'évaporation.

Chapitre Deux

Machinations Politiques en Afrique

En avril 2007, à l'approche du second tour de l'élection présidentielle, les enjeux n'auraient pas pu être plus élevés. Les lignes de bataille étaient tracées entre Sarkozy et Ségolène Royal, avec François Bayrou, le centriste, pris entre deux feux. Dans les eaux troubles de l'ambition politique, des rumeurs ont commencé à circuler. Omar Bongo, le président gabonais, n'était-il pas impliqué dans cette danse politique complexe ?

Absolument , a répondu Robert, une lueur de nostalgie traversant son visage alors qu'il racontait une histoire qui trouverait sûrement sa place dans le deuxième volume de ses mémoires. Il se souvenait du jour où le président Chirac, affaibli par un accident vasculaire cérébral, envisageait un troisième mandat. Les dirigeants africains, Bongo et Sassou Nguesso, aux yeux perçants, ont senti l'opportunité.

Dominique , avait exhorté Robert au Premier ministre, vous allez organiser un petit-déjeuner – un événement rare – avec Sassou et Omar Bongo. J'y serai. L'incrédulité se lisait sur le visage de Dominique. Pourquoi ? demanda-t-il. Parce qu'ils pensent à Chirac, mais leur préféré, c'est Sarkozy. Puisque vous êtes en pole position, ils pensent à vous. Le petit déjeuner se déroulait à Matignon, un rassemblement inédit. Tandis que les dirigeants s'asseyaient autour de la table, Omar enchaîna : Pourriez-vous être candidat à la présidence de la République ? Les yeux de Dominique s'écarquillèrent, assimilant la gravité de la question. Je vous parle franchement, balbutia-t-il, Jacques n'est pas en état de faire un troisième mandat. L'atmosphère changea, lourde d'attentes tacites. Pouvez-vous tuer le père ? insista Omar. Mais Omar, pouvez-vous me laisser le temps de réfléchir ? J'en parlerai plus tard avec Robert , répondit enfin Dominique. Ce soir-là, Robert connaissait le résultat avant le coucher du soleil. Si Dominique dit non, alors ce sera Nicolas , songea-t-il. Les chefs d'État, sentant un changement, décidèrent de miser sur Sarkozy. A l'approche de l'élection, les manœuvres politiques s'intensifient. François Bayrou, dans un moment d'hésitation, va voir Omar Bongo à l'île Maurice, refusant les propositions du président de soutenir Sarkozy. Mais certains centristes ont lâché Bayrou pour soutenir Nicolas , explique Robert, une pointe d'admiration dans la voix pour le pouvoir de persuasion de Bongo. Il les a tous reçus, y compris Hervé Morin. Les convaincre était son point fort, pas l'argent. Il leur a promis des postes ministériels une fois Nicolas devenu président. Après le décès d'Omar Bongo en 2009, un nouveau chapitre s'ouvre avec l'élection opposant son fils, Ali Bongo, à André Baobab, le ministre de l'Intérieur. Je suis un ami très proche de Nicolas Sarkozy, et mon candidat est Ali Bongo , avait affirmé Robert, sa loyauté palpable. Mais pourquoi Sarkozy a-t-il soutenu le fils d'Omar ?

 La réponse est simple , se souvient Robert, penché en arrière comme s'il se remémorait une époque révolue. Un soir, je me suis confié à Omar. Je lui ai demandé : "Papa, tu t'entends très bien avec André. Si la question de la succession se pose, que se passe-t-il ? " Il m'a répondu : "Au fond, je l'aime beaucoup." Dans une conversation marquée par le poids de leur histoire commune, Robert a évoqué un moment charnière en septembre 2005 : un affrontement entre lui et Dominique de Villepin. Peu de temps après, Bourgi s'est retrouvé convoqué dans les élégants couloirs de Beauvau, où l'attendait Sarkozy. Alors que les deux hommes s'installaient dans leur discussion,

Sarkozy est allé droit au but. Je sais ce que vous faites pour M. Chirac depuis très longtemps. Mais ça s'arrête là. Je ne veux pas d'argent venant d'Afrique noire. Pas d'argent. Les mots restaient en suspens, lourds de implications de pouvoir et de responsabilité. Bourgi, cependant, n'a pas tardé à le rassurer. Je vous promets, Monsieur Sarkozy, qu'il n'y a jamais eu un seul centime provenant d'Afrique noire dans mes transactions. Avec une pointe de scepticisme, Bourgi a ajouté : Vous savez qu'il y a eu des problèmes ailleurs, mais je vous assure qu'il n'y a jamais eu de fuites. S'il y avait eu des malversations, elles auraient été révélées. Pourtant, le spectre de l'affaire Kadhafi planait en arrière-plan, rappelant la complexité du financement politique. Bourgi est resté ferme. S'il y avait eu un seul centime, il aurait été impossible de le taire. Croyez-moi, rien n'est jamais passé par moi.

La conversation s'est orientée vers les nuances de la politique gabonaise, où Omar Bongo, l'ancien président, avait la réputation de contrôler méticuleusement les transactions financières. Bongo n'aurait jamais laissé filer un seul centime sans que cela ne passe par son fils, Robert , a expliqué Bourgi. Seules Pascaline et moi connaissions le code secret que Bongo utilisait pour les transferts : 5-5-5. Je me souviens que lorsque Chirac s'est renseigné sur ce code, je lui ai expliqué que "l'argent ne s'évapore pas. Il ne disparaît pas comme ça." Alors que Sarkozy était fermement fixé sur l'objectif, Bourgi s'est rappelé l'intensité du paysage politique lors des élections présidentielles de 2007. La course était serrée entre Sarkozy et Ségolène Royal, avec François Bayrou comme joker. De nombreux centristes étaient déchirés , a noté Bourgi, mais Bongo était influent. Il avait une façon de convaincre les gens. La force tranquille d'Omar Bongo se manifestait dans sa capacité à influencer les allégeances politiques, assurant le soutien à Sarkozy sans aucun échange financier. C'est durant cette période tumultueuse que Bourgi a joué un rôle crucial. Il avait orchestré un petit-déjeuner clandestin à Matignon, où

Bongo et son beau-fils, Sassou Nguesso, devaient jauger les vents politiques. Bourgi a encouragé Villepin à réfléchir à sa position, sachant bien que les dirigeants africains penchaient pour Sarkozy. Ils considéraient Villepin comme faible, et il est vite devenu clair que le candidat choisi serait Nicolas. Au fil de l'histoire, Bourgi a raconté la délicate danse des alliances, expliquant comment l'influence d'Omar Bongo sur Bayrou et d'autres politiciens centristes a finalement assuré la voie de Sarkozy vers la présidence. Ce n'était pas une question d'argent , a-t-il insisté. Bongo avait un don pour la persuasion ; il a offert des rêves de postes ministériels lorsque Sarkozy a pris le pouvoir. Des années plus tard, après le décès d'Omar Bongo, un autre changement politique s'est produit, son fils Ali Bongo étant confronté à des défis pour sa présidence. Bourgi, toujours proche de Sarkozy, s'est retrouvé empêtré dans la question de la succession. J'avais une préférence pour André, mais Bongo savait que je transmettrais mes réflexions à Sarkozy. Il a fait pression pour un tandem Ali-Pascaline.

Sarkozy a accepté, reconnaissant l'importance du nom Bongo.

Pourtant, Bourgi a reconnu que le paysage politique était loin d'être stable. Alors que les rumeurs circulaient sur l'influence de Pascaline Bongo, il est resté réticent, admettant : Je n'ai plus de contact avec Pascaline, donc je ne peux pas parler de ses intentions. Ses réflexions se sont tournées vers le leader émergent, Brice Clotet-Roliguine-Guemma, qui a orchestré un coup d'État contre Ali Bongo en août 2023. Je connais Brice depuis des décennies. Il a toujours été une présence discrète, mais son ascension au pouvoir était inattendue , a déclaré Bourgi. En réfléchissant aux actions de Brice, Bourgi a souligné les tensions sous-jacentes dans la société gabonaise. Le coup d'État aurait pu déclencher des violences, mais il a agi avec prudence. Il n'était pas seul ; il avait le soutien d'autres officiers. Pourtant, la mystique entourant Brice n'a fait que s'approfondir. Lors des rites secrets des Bateques, il est apparu comme le léopard, un symbole puissant dans leur culture. Leur conversation a rapidement porté sur le nouveau climat politique, tandis que Bourgi partageait ses espoirs pour le leadership de Brice. Nous avons passé du temps ensemble à Dakar, et il a demandé mon avis. Je l'ai exhorté à favoriser un sens de la démocratie au Gabon et à se distancer de l'héritage Bongo , a déclaré Bourgi, envisageant un avenir où Brice pourrait même être candidat à la présidence. Alors que la discussion dérivait vers le passé, des souvenirs de Michel Barnier ont refait surface. Bourgi s'est souvenu de leurs rencontres pendant la présidence de Chirac, marquées plus par la formalité que par la camaraderie. J'ai croisé Barnier d'innombrables fois, mais je n'ai jamais ressenti le besoin de m'engager profondément avec lui , a-t-il déclaré.

Avec un mélange d'admiration et d'optimisme prudent, Bourgi conclut : J'espère que Barnier saura affirmer son influence sur la politique française en Afrique. La France a besoin de quelqu'un avec autorité et charisme pour naviguer dans ces relations complexes sans arrogance. Dans ce réseau complexe d'amitiés, de manœuvres politiques et d'héritages culturels, le récit de Robert Bourgi tisse ensemble le passé et le présent de la politique française et gabonaise – une histoire façonnée par la danse du pouvoir, de la loyauté et du spectre omniprésent de l'influence.

CHAPITRE TROIS

À Huis Clos

Dans les rues animées de Dakar, au Sénégal, un jeune garçon nommé Robert Bourgi errait dans un monde imprégné du parfum des épices et de la promesse de secrets. La maison de sa famille, un centre dynamique pour la communauté libanaise, bourdonnait de la présence de personnalités influentes dont les noms résonnaient dans les couloirs du pouvoir. Parmi elles se trouvait Jacques Foccart, l'énigmatique conseiller du général de

Gaulle, dont les visites avaient le poids de l'histoire et de l'intrigue. En observant les allées et venues de Foccart et d'autres hommes puissants, Robert s'imprégnait de l'atmosphère des conversations chuchotées et des échanges secrets. Il ne savait pas que ces expériences d'enfance façonneraient sa compréhension d'un monde où la politique et la finance s'entremêlent d'une manière que la plupart ne peuvent qu'imaginer. Foccart, un homme d'une influence considérable, était entré pour la première fois dans leur vie alors que Robert n'avait que deux ans. Son père, une figure éminente de la communauté libanaise, recevait souvent Foccart chez eux pour discuter de questions qui allaient se répercuter sur le tissu des relations franco-africaines. Robert et son frère aîné, Albert, s'asseyaient tranquillement, absorbant des fragments de dialogue qui laissaient entrevoir des transactions financières importantes, du genre de celles qui définiraient plus tard la propre voie de Robert.

Dans les années 1950, les garçons étaient entraînés dans l'univers de leur père. Ils l'accompagnaient à des réunions à enjeux élevés à l'Hôtel de la Croix du Sud, le plus bel établissement de Dakar, où les conversations sur les dons et les manœuvres politiques coulaient aussi librement que les verres. C'est là que Robert rencontra Foccart pour la première fois, un moment qui resterait gravé dans sa mémoire. En saluant son père, Foccart évoqua avec désinvolture l'idée d'emmener Robert rencontrer Georges Pompidou, alors directeur du cabinet de De Gaulle. Le jeune garçon ne perdit pas de vue l'importance d'une telle rencontre ; il sentit la gravité des liens qui se nouaient. Des années plus tard, ces liens allaient évoluer vers un réseau complexe, dans lequel le rôle de Robert allait prendre forme. En grandissant, il a appris les subtilités de la diplomatie et de la finance, en regardant son père naviguer dans un monde où des millions de francs changeaient de mains, souvent transportés non pas par l'intermédiaire de banques, mais dans des valises portées par des hommes comme lui. Ce monde était construit sur les relations, la confiance et, parfois, sur le délicat équilibre des pouvoirs.

Le père de Robert, surnommé M. Liban au Sénégal, était plus qu'un simple chef de communauté ; il était une figure centrale de la dynamique politique de l'Afrique occidentale française. Chaque fois que Foccart faisait le tour des colonies, il rendait compte au père de Robert, lui racontant des histoires d'argent et d'influence. Les transactions financières entre l'Afrique et la France étaient entourées de secret, un labyrinthe d'accords qui passaient souvent inaperçus aux yeux des autorités. Robert se souvient d'une époque où une cause politique avait besoin d'une somme considérable – de l'argent qui voyageait par avion, circulant rapidement dans un système qui fonctionnait sous le radar. Au fil des années, Robert s'est retrouvé au centre de ce réseau complexe. Il a servi d'intermédiaire entre les dirigeants africains et les responsables français, facilitant les discussions qui ont rapproché les continents. Ses relations avec des personnalités comme Jacques Chirac et Nicolas Sarkozy ont été cultivées par des années d'observation et de participation à un système qui était en place bien avant sa naissance. Les mécanismes de l'argent et de la politique, qu'il avait hérités de son père, étaient une danse du pouvoir qui exigeait non seulement des compétences, mais aussi une profonde compréhension de la nature humaine. Dans la tapisserie complexe de la vie politique française des années 1950, des questions subsistaient sur les sources de financement qui faisaient tourner les moteurs du pouvoir. L'une des questions les plus pressantes était de savoir comment le général de Gaulle parvenait à financer son parti politique alors qu'il avait renoncé à son rôle officiel et à ses avantages. C'était une énigme qui intriguait beaucoup de gens, et Robert Bourgi se sentait obligé de l'affronter de front. Il se demandait à haute voix à ses lecteurs et auditeurs : comment un homme, ayant tourné le dos à sa pension militaire, pouvait-il se permettre d'acheter un immeuble rue de Solférino ? La réponse, a-t-il révélé, résidait dans l'argent africain.

En étudiant de plus près les liens familiaux, Robert a exhumé un trésor de souvenirs liés à son père, qui avait été un proche allié de De Gaulle. Des lettres de condoléances lui sont parvenues après le décès de son père, de la part de personnalités telles que Thierry de Beauchamp, Grand Chancelier de l'Ordre de la Libération, et de l'amiral de Gaulle lui-même. Chaque lettre faisait écho à un sentiment partagé : son père était un ami du général, un homme qui s'était battu sans relâche pour la survie du Rassemblement du Peuple Français (RPF). Dans les années 1950, une société baptisée Île Saint-Germain est créée, qui regroupe des personnalités influentes comme Pompidou et Foccart, ainsi que quelques fidèles de De Gaulle. Malgré le déclin du RPF, le père de Robert reste membre, et sa loyauté est inébranlable, même lorsque le parti peine à trouver sa place. Suivant les traces de son père, Robert Bourgi se taille sa place dans le paysage politique français. Tout commence par une simple lettre à Jacques Chirac en 1976, encouragé par Foccart. Cette première correspondance se transforme en une relation qui va façonner la carrière de Robert. Chirac, alors ancien Premier ministre, accueille Robert dans son bureau, place du Palais Bourbon, où l'admiration naît entre eux.

Les années passent et en 1978, Robert soutient sa thèse de doctorat intitulée *Le général de Gaulle et l'Afrique noire*. Ce succès le conduit à la mairie de Paris, où il se trouve captivé par l'intérêt de Chirac pour l'Afrique. Leur conversation se prolonge bien au-delà des quinze minutes prévues, Chirac exprimant le désir d'emmener Robert avec lui à Brazzaville pour une célébration du centenaire. Flatté mais hésitant en raison de ses engagements en tant que professeur à Abidjan, Robert est rassuré par la promesse de Chirac de tout gérer avec Houphouët-Boigny, le président ivoirien. Assez rapidement, Robert se retrouve à bord d'un avion pour Brazzaville aux côtés de Chirac, embarquant pour un voyage qui consolidera sa position dans le monde politique français. Entre-temps, une rencontre déterminante avec Roland Dumas pendant la campagne présidentielle de 1988 illustre encore davantage la danse politique dans laquelle Robert s'est empêtré. Dans la salle d'attente du bureau du président Omar Bongo, Robert échange des plaisanteries avec Dumas, qui est là pour un but similaire. Les deux hommes comprennent les enjeux, le soutien financier de la campagne de Chirac étant en jeu.

Lorsque Dumas sortit du bureau de Bongo, une valise à la main, un sourire espiègle sur le visage, il était clair que la réunion s'était bien passée pour lui. La conversation de Robert avec Bongo devint tendue lorsque le président lui reprocha de ne pas être entré le premier dans le bureau, une violation du protocole qu'il avait respecté. Le poids de leurs échanges révéla les machinations en coulisses qui régnaient sur leur monde. En tant que conseiller du ministre de la Coopération, la position de Robert lui permit de comprendre le drame du financement politique. L'urgence de Chirac à obtenir des fonds devint palpable lors de leurs discussions à la mairie de Paris, où il s'appuya sur les relations et les assurances de Robert pour renforcer sa campagne contre Bongo. Le lendemain, Robert se prépara à une nouvelle réunion avec le président. Le capitaine Simba, l'aide de camp, arriva pour l'escorter.

Au moment où il s'apprêtait à partir, Roland Dumas apparut de manière inattendue. Robert se dit : Ce n'est pas possible. Par courtoisie, il se leva et salua Dumas en disant : Bonjour, Monsieur le Ministre. Dumas répondit : Je pense que nous sommes ici pour la même raison. Mais Robert choisit de ne pas s'engager davantage, sentant son malaise grandir. Alors que la lumière verte clignotait, signalant que c'était son tour d'entrer, Simba insista pour qu'il soit temps d'entrer. Robert hésita, disant : Non, laissez Dumas entrer en premier. Simba resta ferme, déclarant : Non, le président veut que vous entriez. Finalement, Robert céda, mais la présence de Dumas l'avait déjà déstabilisé. En entrant dans la pièce, Robert fut accueilli par la fureur de Bongo. Idiot ! À quoi pensais-tu ? cria le président, sa colère palpable. Mais tout aussi rapidement, Bongo se calma et montra à Robert les documents qu'il avait préparés. Voilà ce que j'avais en tête. Maintenant, il ne reste plus grand-chose , dit-il, la résignation se glissant dans sa voix. En désespoir de cause, Robert a supplié Bongo d'appeler Chirac, ce qu'il a fait. Mon fils, il faudra que tu reviennes la semaine prochaine pour régler ça , a dit Bongo à Chirac. Après son retour à Paris, l'envoyé de Chirac est venu récupérer le cadeau . Ils ont ensuite fait le point et, au cours de leur conversation, Chirac a fait remarquer : Omar est intelligent, Robert. Il joue sur les deux tableaux. Il a expliqué que Bongo voulait que Chirac et Mitterrand sachent qu'il les aidait, en trouvant un équilibre prudent entre les deux.

Robert avait toujours su quelle somme d'argent il transportait lorsqu'il était confié par des dirigeants comme Sassou Nguesso ou Bongo. Il se souvient d'un cas où Chirac avait demandé à Bongo : Pourquoi votre ambassadeur m'a-t-il apporté une valise mais n'a pas pu me donner le code pour l'ouvrir ? Bongo avait répondu : Jacques, pour qui me prenez-vous ? Je n'ai confiance en personne, sauf en moi-même. Robert, lui, avait le code. Il pensait à sa fille, Pascaline, qui connaissait aussi la combinaison : 3 x 5. Un jour, alors que M. Berkov, l'envoyé, arrivait et remettait la valise à Chirac – une belle valise en crocodile noir – Robert se trouvait au bureau de Villepin, où la réception avait lieu. Lorsque Chirac entra, il salua Robert et l'ambassadeur avec respect, s'installant sur une chaise en face d'eux. Voilà, Monsieur le Président, le président Bongo m'a confié ce message pour soutenir vos efforts politiques à la veille des élections de 2002 , a déclaré l'envoyé, faisant référence aux prochaines élections. Chirac se pencha en avant, jeta un coup d'œil aux valises devant lui. Mais comment vais-je l'ouvrir ?

Monsieur l'ambassadeur, avez-vous le code ? L'ambassadeur répondit : Monsieur le président, je n'ai pas le code. Chirac, perplexe, demanda à nouveau : Alors, comment vais-je l'ouvrir ?

L'ambassadeur expliqua : C'est Robert qui a le code. Sentant le poids du regard de Chirac, Robert finit par parler. Monsieur le président, j'ai le code. Se tournant vers Villepin, il demanda : Dominique, pourriez-vous me donner un petit bout de papier pour que je puisse l'écrire ? Il griffonna le code sur un petit bout de papier, le plia soigneusement et le tendit au président. Chirac sourit en disant : Ah, maintenant je peux l'ouvrir. Il ouvrit la valise, et l'ambassadeur termina sa mission avant de sortir. Un débriefing commença entre Chirac, Villepin et Robert. Chirac demanda : Qu'est-ce que c'est que cette histoire ? L'ambassadeur aurait dû avoir le code.

Robert a expliqué: Monsieur le Président, un jour, le président Bongo vous a parlé d'évaporation. Eh bien, ça passe par moi.

Bon, on va continuer à en parler juste après cette petite pause publicitaire , a répondu Chirac. Robert a réfléchi aux mécanismes extraordinaires en place, en remontant à Foccart. Il a reconnu que leurs discussions porteraient également sur Chirac, Sarkozy et d'autres, y compris sur la façon dont il a aidé Fillon. Il a trouvé que la partie la plus convaincante de leur conversation était la relation entre la France et l'Afrique, en particulier à l'approche de 2024. Robert Bourgie a été conseiller et intermédiaire pendant plus de 40 ans, suivant les traces de son père. Il se souvient d'une époque où quelqu'un l'appelait le jakatal d'Ar Bongo. Oui, c'est péjoratif parce que j'étais le conseiller spécial d'Omar Bongo , a pensé Robert.

Malgré ses liens d'amitié avec des personnalités clés, il se souvient de ses disputes, comme celles avec Villepin, et de la façon dont les autres le traitaient parfois. Il trouvait fascinant de constater que même après de telles expériences, il se réconciliait souvent avec ceux avec qui il se heurtait.

Absolument , se dit-il. Après sa brouille avec Dominique de Villepin, une fois Nicolas Sarkozy au pouvoir, il revit souvent Villepin. Villepin lui a même dédicacé des livres, dont un avec un message : À mon ami Robert, malgré les turbulences – les turbulences continuent. Vous voyez, le cyclone tourbillonne toujours ici. Robert a noté que dans ses mémoires, il a placé deux hommes au sommet de sa vie politique : Chirac et Foccart. Mais juste après eux, je place Villepin et Sarkozy. Mon seul regret est de ne pas avoir pu les réunir. Quel formidable tandem ils auraient été pour la France ! J'ai le plus grand respect et la plus profonde affection pour Dominique de Villepin. Il se souvient de ces moments où il a découvert le côté humain de Villepin, un homme de chair et de sang, avec un cœur. En politique, il a rencontré toutes sortes de gens, en France comme en Afrique. Il y a des gens formidables, des gens moins formidables, et bien sûr des crapules, comme dans la vie, non ?

CHAPITRE QUATRE

LE POIDS DE L'HÉRITAGE

La position de Robert Bourgi en tant qu'intermédiaire était intrigante ; il n'était pas le fournisseur de la manne céleste , même s'il savait ce que cela signifiait. Il jouait un rôle crucial dans la délicate danse de l'influence. Il réfléchissait à une question posée un jour par Frédéric Lejal : pourquoi ces chefs d'État africains donnaient-ils de l'argent ? Robert expliquait qu'ils le faisaient pour influencer la vie politique française, qui avait une grande importance à l'époque. Mais aussi, certains se sentaient inférieurs ou étaient amenés à se sentir inférieurs , conclut-il, soulignant que cette réalité était quelque chose qu'il rencontrait souvent. Robert Bourgi réfléchissait souvent aux relations uniques qu'il avait nouées avec divers chefs d'État africains. La plupart d'entre eux, il les appelait par leur prénom, créant une atmosphère de familiarité et de camaraderie. Il y avait cependant une exception notable : Omar Bongo. Robert lui réservait une forme d'adresse plus intime, l'appelant Papa . Un jour, Bongo exhorta Robert : Appelez-moi par mon prénom, comme un fils appelle son père. Robert a répondu fermement : Papa, je ne t'appellerai jamais par ton prénom, et je ne te tutoierai jamais. C'est comme ça que j'ai été élevé, et tu ne peux rien y changer.

Leur lien s'est renforcé lors des rassemblements à la résidence de Bongo, où se réunissaient les dirigeants de toute l'Afrique. À une occasion, Robert a lancé un défi aux autres en leur disant :   Pourquoi recevez-vous toujours des ministres, des secrétaires d'État ou d'autres, mais vos propres ministres ne sont jamais reçus par le président de la République française ? Il devrait y avoir un respect mutuel des rangs et des titres des deux côtés.   Bongo a soupiré et a répondu : Oh, vous savez, Robert, c'est très dur. Nous avons besoin de la tutelle de la France.   Ce moment a souligné la dynamique compliquée et souvent troublante des relations franco-africaines. Robert a compris que le temps du changement était venu.

Nous allons vers autre chose, M. Berkov, c'est du donnant-donnant . Vous apportez quelque chose, j'apporte quelque chose ; vous enlevez quelque chose, j'enlève quelque chose.   N'est-ce pas mieux que la vieille relation franco-africaine ? Il pensait que cette approche favoriserait le respect mutuel et la coopération. En septembre 2011, Robert a fait une déclaration dans le *JDD* qui a attiré l'attention des médias, ce qui a conduit *Le Monde* à le décrire comme l'homme qui ébranle la République . Il comprenait que les fondements de la République française étaient bien trop solides pour qu'un petit Robert Bourgi les ébranle. Pourtant, il se sentait obligé de s'exprimer en observant le déroulement des événements dans divers pays africains.

Alors que Robert approchait du crépuscule de sa vie, il se souvenait d'un moment marquant avec Bongo lors d'une soirée privée chez lui à Libreville. Bongo lui avait confié: Mon fils, tout l'argent que tu donnes, est-ce que Jacques ou d'autres, que je ne nommerai pas, te donnent quelque chose en retour ? Robert lui a assuré : Papa, je n'accepterai jamais un seul centime de ces gens-là parce que je veux préserver ma liberté d'expression. Il était fier de sa capacité à parler franchement devant des personnalités comme Chirac et Villepin. Si quelqu'un vous donne de l'argent, vous lui êtes redevable , a-t-il affirmé, expliquant qu'il avait toujours cherché à rester indépendant financièrement. J'étais lobbyiste et j'étais bien payé – 1 000 fois moins que certaines agences de relations publiques françaises ou américaines.

Malgré son travail intensif auprès des dirigeants africains, Robert n'a jamais touché un centime de la République française. Il a raconté une fois où il s'est lancé dans un voyage périlleux pour libérer un jeune compatriote des prisons iraniennes à l'époque d'Ahmadinejad, établissant des relations et voyageant de Beyrouth à Damas et Téhéran, sans jamais rien demander en retour. Sa contribution a été reconnue lorsque Jacques Chirac lui a décerné la Légion d'honneur, que Nicolas Sarkozy lui a plus tard décernée. Cependant, lors de l'affaire Fillon, le président Macron a suspendu sa décoration pour cinq ans.

Robert a longtemps fonctionné selon le principe du travail en solo, un leitmotiv que lui avait inculqué Jacques Foccart, qui réitérait souvent l'importance de la discrétion. En racontant son histoire, il a reconnu que les révélations qu'il a faites dans son livre n'avaient pas pour but de déclencher une révolution mais plutôt d'éclairer sa vie extraordinaire remplie de rencontres fascinantes. Dans les derniers mois de sa vie, Bongo avait convoqué Robert à Libreville, révélant sa vulnérabilité. Mon fils, je suis malade , a-t-il avoué. Robert, inquiet, lui a répondu : Papa, j'espère que tu nous survivras à tous.

Bongo lui a confié ses inquiétudes face à l'évolution du paysage politique, exprimant son sentiment d'isolement alors qu'il luttait pour nouer des liens avec Jacques Chirac. Avez-vous remarqué que depuis deux ans en France, je ne suis plus reçu de la même manière ? Les gens se détournent de moi , a-t-il déploré. Robert l'a rassuré : Ce n'est pas grave, il y a des élections qui arrivent et tu seras toujours là. Pourtant, au fil des années, Bongo s'est tourné vers Robert et lui a dit : Un jour, je veux que tu sois ma mémoire. Tu sais tout ce que j'ai fait pour les hommes politiques français au cours des 40 dernières années, à commencer par Pompidou. Un jour, tu révéleras tout cela. Cette demande pesait lourd sur Robert, qui décida de partager l'histoire de sa vie et des relations qu'il avait entretenues au fil des décennies, pour que l'héritage de Bongo ne soit pas oublié. Le monde complexe des relations franco-africaines se déroulait souvent de manière surprenante, notamment lors des interactions entre le président gabonais Omar Bongo et les personnalités politiques françaises. Un épisode notable eut lieu lorsque Bongo arriva à Paris, impatient de discuter de l'avenir de son gouvernement.

Il convoqua Robert Bourgi à l'hôtel Meurice, où il lui fit part d'une conversation qu'il venait d'avoir avec Jacques Chirac. Je viens de parler avec Jacques , commença Bongo, les yeux brillants de détermination. Robert se pencha, curieux. Qu'est-ce qu'il a dit, papa ? , demanda-t-il. Bongo répondit : Il a dit que je devrais rencontrer les hommes qui seront les futurs dirigeants. Sur ce, il commença à dresser une liste des membres potentiels de son nouveau gouvernement, les noms griffonnés sur un morceau de papier qu'il avait sous la main. Alors qu'ils étaient assis ensemble, Bongo a dicté les noms : Dominique de Villepin comme Premier ministre, Nicolas Sarkozy comme ministre de l'Intérieur et Michel Barnier, entre autres, comme ministre des Affaires étrangères.

Une fois la liste finalisée, Bongo a donné des instructions à Robert : Vous remettrez cette lettre à l'Élysée. Robert a apporté la lettre au secrétaire personnel de Chirac, qui l'a reçue avec le plus grand sérieux. À son retour à l'hôtel Meurice, Bongo attendait des nouvelles avec impatience. J'ai parlé avec Jacques, et il a déjà lu la lettre , a annoncé Bongo, un sourire naissant sur son visage. Il m'a dit que je devrais rencontrer plusieurs futurs ministres. Robert a haussé un sourcil, intrigué. Vraiment ? a-t-il demandé. Oui , a affirmé Bongo. Je l'ai écrit. Il y a sept ou peut-être même neuf ministres. Je les rencontrerai. Inquiet, Robert a interrompu : Papa, tu ne vas pas les recevoir un par un, n'est-ce pas ? Bongo rigola. Non, je vais les regrouper et organiser une conférence. C'est ainsi que, dans la somptueuse suite de l'Hôtel Meurice, le président Bongo s'est réuni avec ces futurs ministres. Fillon, Copé et d'autres l'ont rejoint dans une réunion à la fois décontractée et lourde de sens. Robert a observé les interactions, stylo à la main, prenant note de l'occasion mémorable. Par la suite, Bongo a exprimé le désir d'écrire une autre lettre à Chirac, demandant à Robert son avis sur les discussions qui venaient de se dérouler. Sept des ministres que Bongo avait rencontrés ont fini par devenir des personnalités de premier plan dans la politique française, ce qui témoigne de l'influence de leurs discussions.

Avec le recul, il est devenu évident à quel point les relations entre les dirigeants africains et les politiciens français pouvaient être uniques. Robert a réfléchi à cette époque, rappelant que peu de chefs d'État africains avaient eu l'influence nécessaire pour prendre de telles dispositions. L'un était Houphouët-Boigny, bien avant, et l'autre était Bongo , a-t-il noté, reconnaissant la position rare que ces dirigeants occupaient. Pourtant, après le départ de Sarkozy en 2012, Robert s'est éloigné de la politique africaine. Depuis, je n'ai entretenu de relations qu'avec des Africains, de Nouakchott à Kinshasa , a-t-il déclaré, appréciant les liens qu'il avait noués. Ces liens, il le savait, restaient un atout inestimable dans un monde où ces relations étaient souvent lourdes de complexité.

La Fin

Chers lecteurs,

Je tiens à vous remercier du fond du cœur pour l'achat d'un exemplaire de cet ouvrage. Votre décision de l'accepter me procure une grande joie, sachant que j'ai pu vous aider par mes paroles.

Dans un esprit de joie, je voudrais vous demander poliment de laisser un commentaire et de passer le message aux autres. Votre soutien est très important pour moi.

Si pour une raison quelconque ce travail n'a pas répondu à vos attentes, veuillez accepter mes sincères excuses.

Je vous assure que je m'améliorerai et m'efforcerai d'atteindre l'excellence dans mes efforts futurs. Mais surtout, n'oubliez pas

que le fait d'acquérir ce spécimen montre que vous êtes valorisé
et aimé.

Merci encore pour votre soutien et de faire partie de ce voyage.

Cordialement

[Paul Theissen]

www.ingramcontent.com/pod-product-compliance
Lightning Source LLC
Chambersburg PA
CBHW061527250726

48657CB00005B/2115